de School - shkolla		2
de Törn - udhëtim		5
de Transport - transport		8
de Stadt - qytet		10
de Landschop - peisazh		14
dat Spieslokal - restorant		17
de Supermarkt - supermarket		20
de Drünk - pije		22
dat Eten - ushqim		23
de Buernhoff - fermë		27
dat Huus - shtëpi		31
de Wahnstuuv - dhomë ndenjeje		33
de Köök - kuzhinë		35
de Baadstuuv - tualet		38
de Kinnerstuuv - dhomë fëmijësh		42
dat Tüüch - veshje		44
dat Büro - zyrë		49
de Weertschop - ekonomi		51
de Profeschonen - profesionet		53
dat Warktüüch - mjete		56
de Musikinstrumenten - instrumenta muzikorë		57
de Deertenpark - kopsht zoologjik		59
de Sport - sportet		62
de Aktivitäten - aktivitet		63
de Familje - familje		67
de Lief - trupi		68
dat Krankenhuus - spital		72
de Nootfall - emergjencë		76
de Eerd - toka		77
de Klock - orë		79
de Week - javë		80
dat Johr - vit		81
de Formen - forma		83
de Farven - ngjyra		84
de Gegendelen - të kundërta		85
de Tallen - numra		88
de Spraken - gjuhët		90
wokeen / wat / wo - kush / çfarë / si		91
wo - ku		92

Impressum
Verlag: BABADADA GmbH, Nedderfeld 112 , 22529 Hamburg
Geschäftsführer / Verlagsleitung: Harald Hof
Druck: Books on Demand GmbH, In de Tarpen 42, 22848 Norderstedt

Imprint
Publisher: BABADADA GmbH, Nedderfeld 112 , 22529 Hamburg, Germany
Managing Director / Publishing direction: Harald Hof
Print: Books on Demand GmbH, In de Tarpen 42, 22848 Norderstedt, Germany

de School
shkolla

de Klassenstuuv
klasa

delen
pjesëtim

186/2

de Tafel
tabela

de Schoolhoff
oborr shkolle

de Schoolmeester
mësues

dat Papeer
letër

schrieven
shkruaj

de Sticken
stilolaps

de Schrievdisch
tavolinë

dat Lienholt
vizore

dat Book
libri

de Schöler
nxënës

de Ranzel
çantë

de Feddermapp
mbajtëse lapsash

de Bleesticken
laps

de Scharpmaker
mprehës lapsash

dat Radeergummi
gomë

de Tekenblock
fletore vizatimi

de Teken

vizatim

de Pinsel

penel

de Malkassen

kuti bojërash

de Scheer

gërshërë

de Klever

ngjitës

dat Heft to'n Öven

fletore detyrash

de Huusopgaav

detyrë shtëpie

12

de Tall

numër

2+2

tohooptellen

mbledh

5-2

aftrecken

zbres

2x2

malnehmen

shumëzoj

reken

llogaris

A

de Bookstaav

gërmë

**ABCDEFG
HIJKLMN
OPQRSTU
VWXYZ**

dat ABC

alfabeti

hello

dat Woort

fjalë

de Text

tekst

lesen

lexoj

de Kried

shkumës

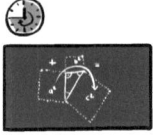

de Stunn

mësim

dat Klassenbook

regjistër

de Pröven

provim

dat Tüügnis

çertifikatë

de Schooluniform

uniformë shkolle

de Utbillen

arsimim

dat Nakieksel

enciklopedia

de Universität

universitet

dat Mikroskop

mikroskop

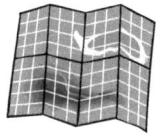

de Koort

hartë

de Papeerkorf

kosh letrash

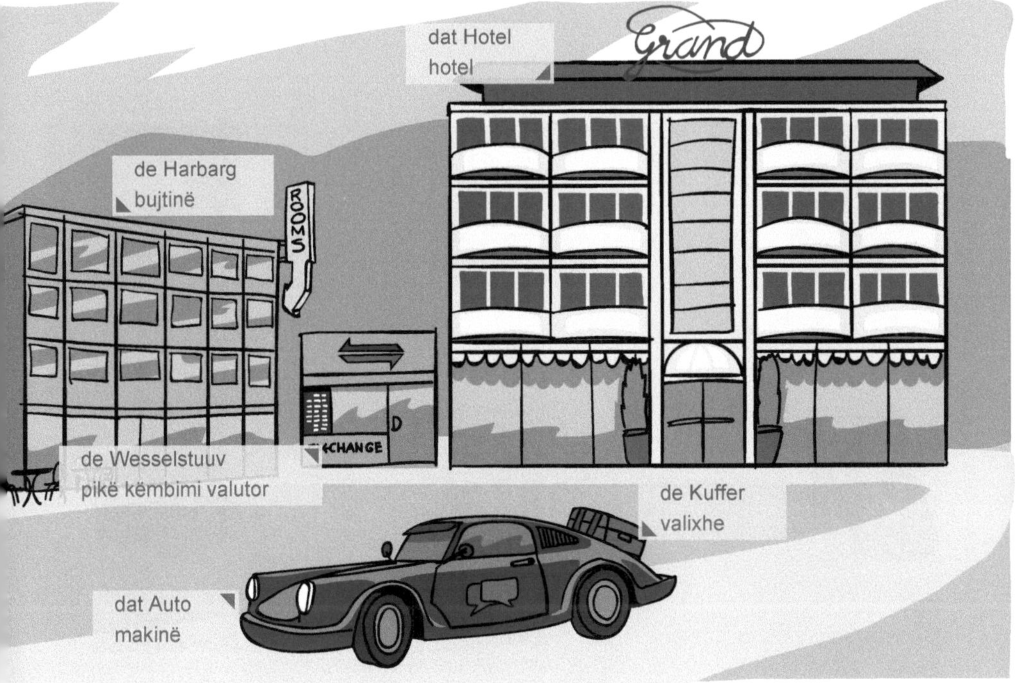

dat Hotel
hotel
Grand
de Harbarg
bujtinë
ROOMS
EXCHANGE
de Wesselstuuv
pikë këmbimi valutor
de Kuffer
valixhe
dat Auto
makinë

de Spraak

gjuhë

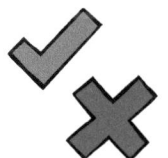

jo / ne

po / jo

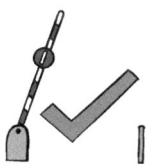

Jo

Në rregull

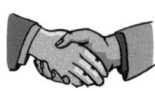

Moin

ç'kemi

de Översetter

përkthyes

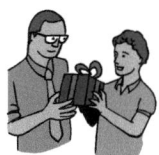

Dank ok

Faleminderit

Wat kost…?

sa kushton…?

Ik verstah nich

nuk e kuptoj

dat Problem

problem

Goden Avend

Mirëmbrëma!

Moin!

Mirëmëngjes!

Gode Nacht!

Natën e mirë!

Tschüüs

mirupafshim

de Richt

drejtim

de Bagaasch

bagazhet

de Tasch

çantë

de Rüchsack

çantë shpine

de Gast

mysafir

de Stuuv

dhomë

de Slaapsack

thes gjumi

dat Telt

tendë

Touristeninformatschoon

informacion për turistët

de Strand

plazh

de Kreditkoort

kartë krediti

dat Fröhstück

mëngjes

dat Meddageten

drekë

dat Avendeten

darkë

de Fohrkort

Biletë

de Fohrstohl

ashensor

de Breefmark

pulla

de Grenz

kufi

de Toll

doganë

de Bottschop

ambasadë

dat Visum

vizë

de Pass

pasaportë

de Transport
transport

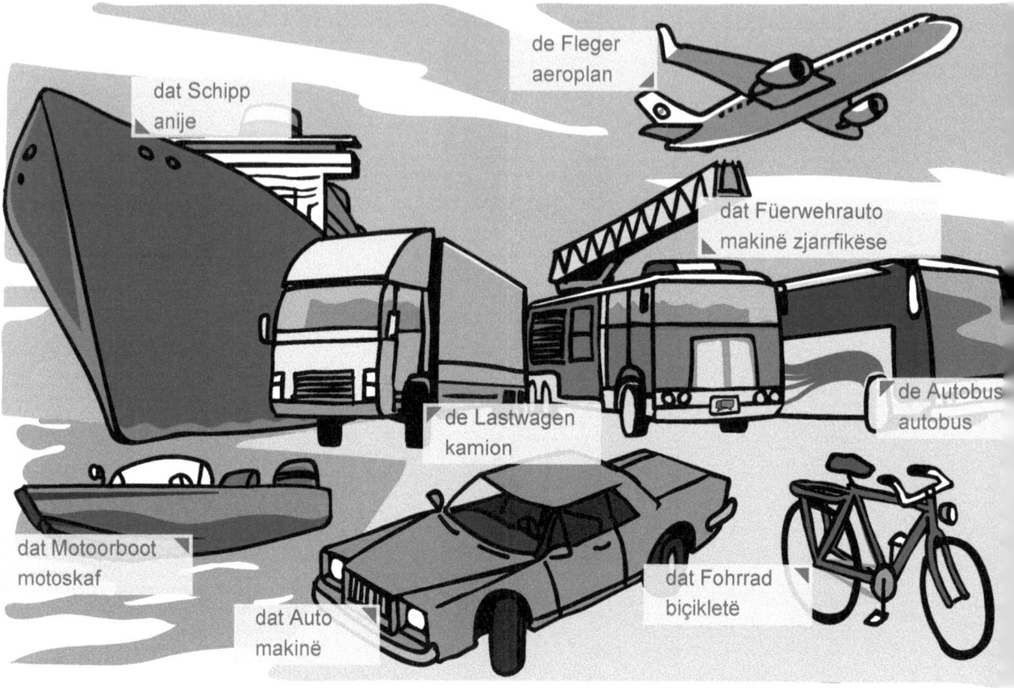
de Fleger
aeroplan
dat Schipp
anije
dat Füerwehrauto
makinë zjarrfikëse
de Autobus
autobus
de Lastwagen
kamion
dat Motoorboot
motoskaf
dat Fohrrad
biçikletë
dat Auto
makinë

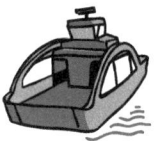

de Fähr

traget

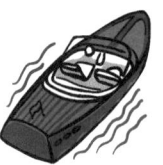

dat Boot

varkë

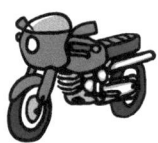

dat Motoorrad

motoçikletë

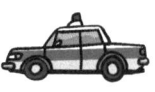

dat Polizeiauto

makinë policie

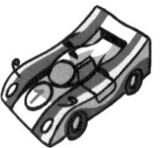

dat Rönnauto

makinë garash

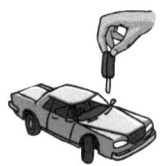

de Lehnwagen

makinë me qira

dat Carsharing

darje e qirasë së makinës

de Afsleepwagen

karroatrec

dat Müllauto

makinë plehrash

de Motoor

motor

de Kraftstoff

benzinë

de Tanksteed

pikë karburanti

dat Verkehrsschild

sinjalistikë trafiku

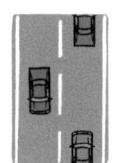

de Verkehr

trafik

de Stau

bllokim trafiku

de Afstellplatz

parkim makinash

de Bahnhoff

stacion treni

de Sporen

trase

de Tog

tren

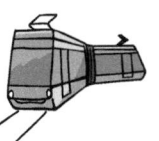

de Stratenbahn

tramvaj

de Wagon

karro

de Dwarsmöhl

helikopter

de Flooghaven

aeroport

de Tower

kullë

de Fohrgast

pasagjer

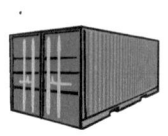

de Grootkist

kontenier

de Karton

kuti kartoni

de Koor

qerre

de Korf

shportë

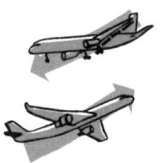

starten / lannen

ngrihem / ulem

de Stadt

qytet

dat Dörp

fshat

de Binnenstadt

qendra e qytetit

dat Huus

shtëpi

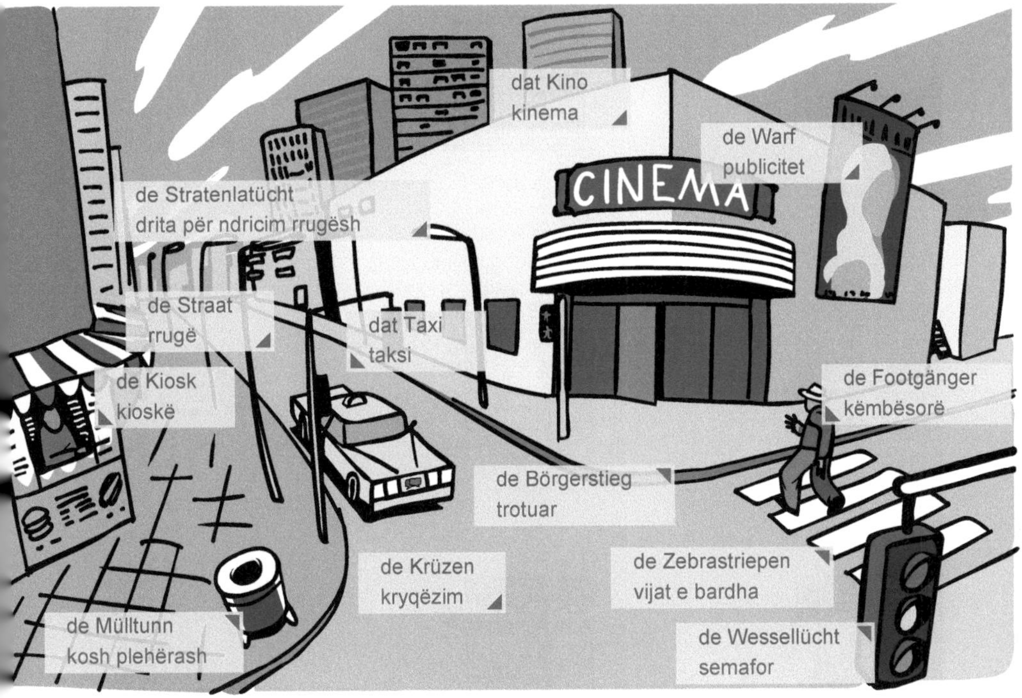

dat Kino
kinema
de Warf
publicitet
CINEMA
de Stratenlatücht
drita për ndricim rrugësh
de Straat
rrugë
dat Taxi
taksi
de Kiosk
kioskë
de Footgänger
këmbësorë
de Börgerstieg
trotuar
de Krüzen
kryqëzim
de Zebrastriepen
vijat e bardha
de Mülltunn
kosh plehërash
de Wessellücht
semafor

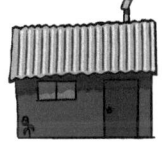

de Hütt

kasolle

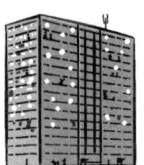

de Wahnung

apartament

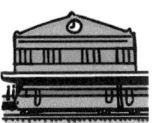

de Bahnhoff

stacion treni

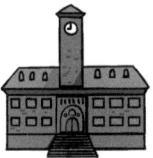

dat Raathuus

bashki

MUSEUM

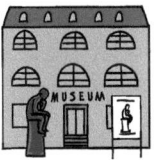

dat Museum

muze

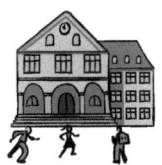

de School

shkolla

de Universität
universitet

de Bank
bankë

dat Krankenhuus
spital

dat Hotel
hotel

de Afteek
farmaci

dat Büro
zyrë

de Bookhökerie
librari

de Hökerie
dyqan

de Blomenhökerie
dyqan lulesh

de Supermarkt
supermarket

de Markt
market

dat Koophuus
mapo

de Fischhökerie
dyqan peshku

dat Inkoopszentrum
qëndër tregtare

de Haven
port

de Parkanlaag

park

de Bank

stol

de Brüch

urë

de Trepp

shkallë

de Ünnergrundbahn

metro

de Tunnel

tunel

de Busstoppsteed

stacion autobuzi

de Bar

bar

dat Spieslokal

restorant

de Breefkassen

kuti postare

dat Stratenschild

sinjalistikë rrugore

de Parkklock

kohëmatës parkimi

de Deertenpark

kopsht zoologjik

de Baadanstalt

pishinë

de Moschee

xhami

de Stadt - qytet

de Buernhoff
fermë

de Ümweltversmudden
ndotje

de Karkhoff
varrezë

de Kark
kishë

de Speelplatz
shesh lojërash

de Tempel
tempull

de Landschop
peisazh

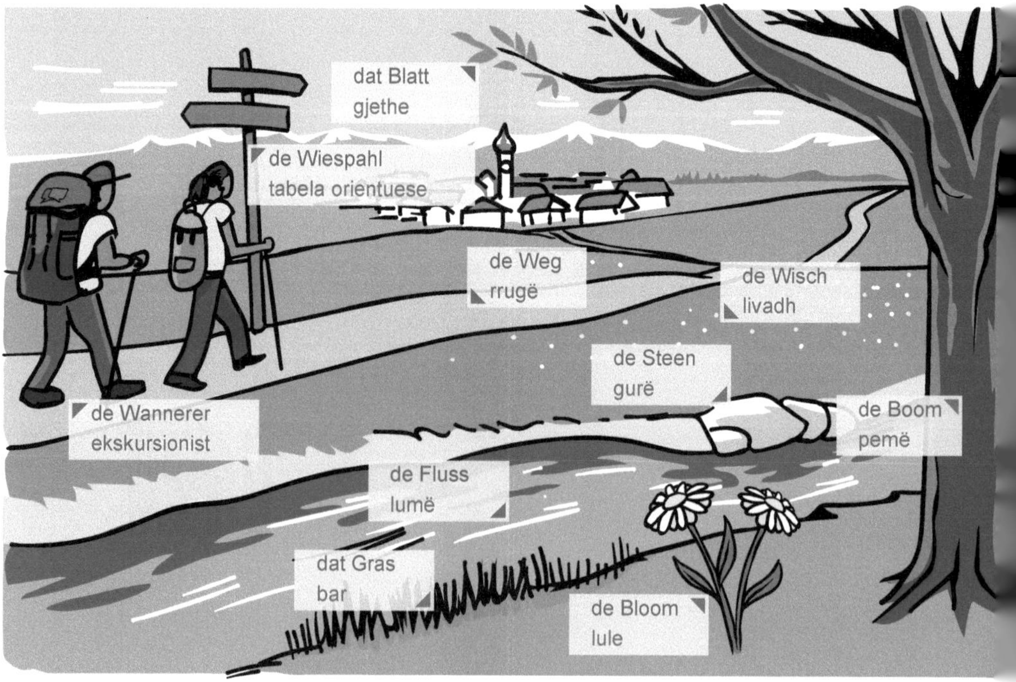

dat Blatt
gjethe

de Wiespahl
tabela orientuese

de Weg
rrugë

de Wisch
livadh

de Steen
gurë

de Wannerer
ekskursionist

de Boom
pemë

de Fluss
lumë

dat Gras
bar

de Bloom
lule

dat Daal

luginë

de Barg

kodër

de See

liqen

dat Holt

pyll

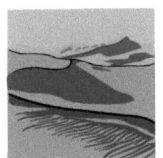

de Wööst

shkretëtirë

de Füerspien Barg

vullkan

dat Slott

kështjellë

de Regenbagen

ylber

de Poggenstohl

kepudhë

de Palm

palmë

de Steekmück

mushkonjë

de Fleeg

mizë

de Miegeemk

milingonë

de Imm

bletë

de Spinn

merimangë

de Landschop - peisazh

de Sebber

brumbull

de Pogg

bretkosë

de Katteker

ketër

de Swienegel

iriq

de Haas

lepur

de Uul

buf

de Vagel

zog

de Swaan

mjellmë

dat Wildswien

derr i egër

de Hirsch

dre

de Elk

dre brilopatë

de Staudamm

digë

dat Windrad

turbinë ere

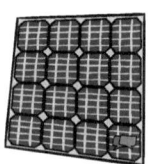

dat Solarmodul

panel diellor

dat Klima

klimë

dat Spieslokal
restorant

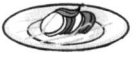

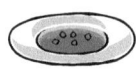

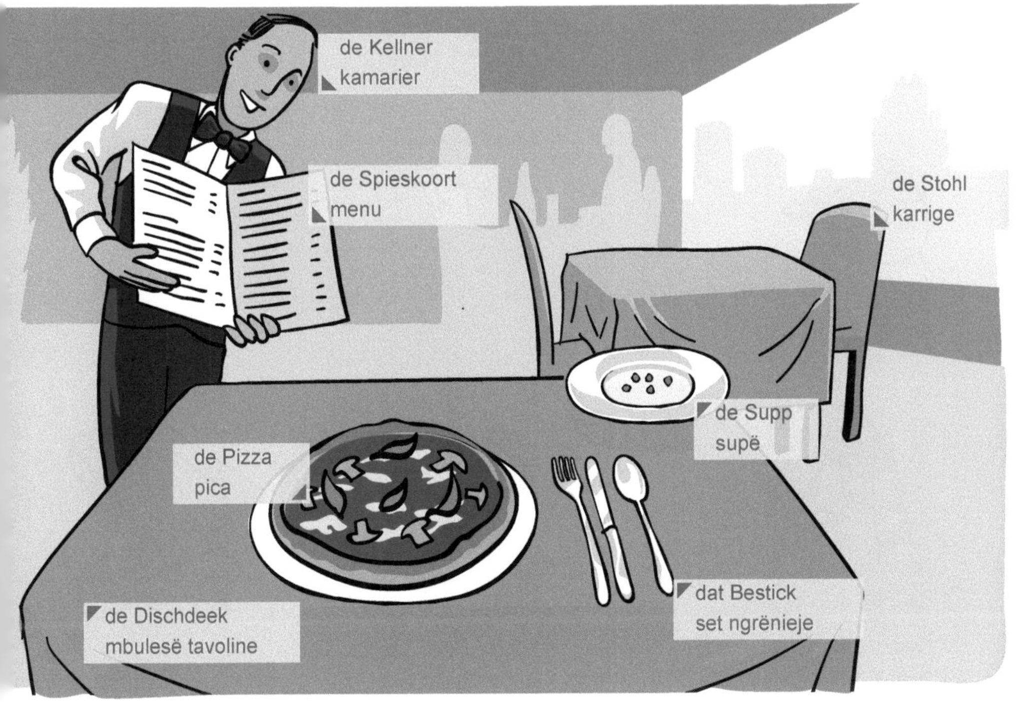
de Kellner
kamarier
de Spieskoort
menu
de Stohl
karrige
de Supp
supë
de Pizza
pica
dat Bestick
set ngrënieje
de Dischdeek
mbulesë tavoline

de Vörspies

pjatë e parë

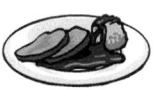

dat Haupteten

pjatë kryesore

de Nadisch

ëmbëlsirë

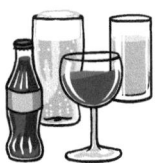

de Drünk

pije

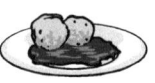

dat Eten

ushqim

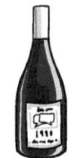

de Buddel

shishe

dat Fastfood

ushqim i shpejtë

dat Strateneten

ushqim i shërbyer në rrugë

de Teekann

ibrik çaji

de Zuckerdoos

kuti sheqeri

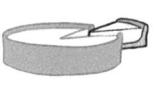

de Portschoon

racion

de Espressomaschien

makinë kafeje ekspres

de Hoochstohl

karrige e lartë

de Reken

faturë

dat Tablett

tabaka

dat Mess

thika

de Gavel

pirun

de Lepel

lugë

de Teelepel

lugë çaji

dat Munddook

pecetë

dat Glas

gotë

de Töller
pjatë

de Suppentöller
pjatë supe

de Ünnertass
pjatë filxhani

de Sooß
salcë

de Soltstreuer
mbajtëse kripe

de Pepermöhl
mulli piperi

de Etig
uthull

dat Ööl
vaj

de Krüder
erëza

de Ketchup
keçap

de Mostrich
mustardë

de Mayonnaise
majonezë

de Supermarkt
supermarket

dat Anbott
ofertë speciale
FOR
de Kunn
klient
de Melkprodukten
produkte bulmeti
dat Aaft
frut
de Inkoopswagen
karrocë pazari

BUTCHERS

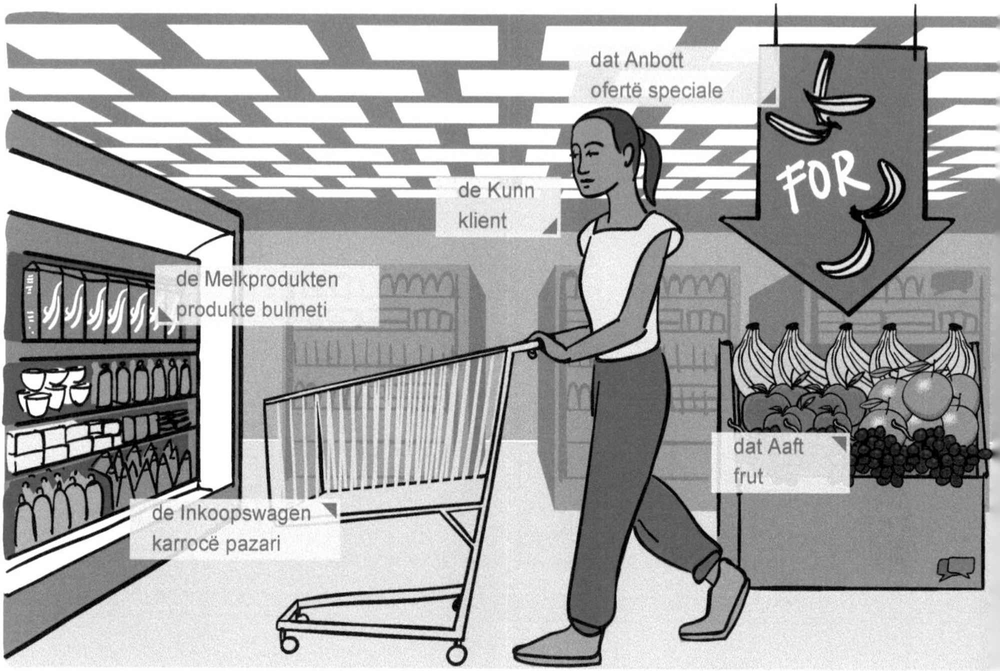

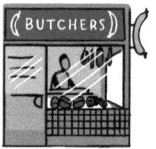

de Slachterie

dyqan mishi

BAKERY

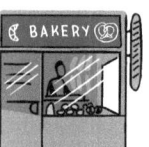

de Bäckerie

furrë buke

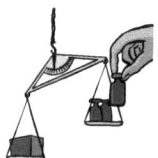

wegen

peshoj

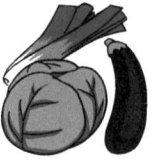

de Gröönsaken

perime

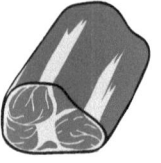

dat Fleesch

mish

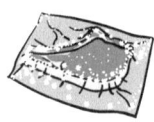

de Deepköhlkost

ushqim i ngrirë

de Opsnitt
copë

de Konserven
ushqim i konservuar

de Waschmiddel
pluhur larës

de Snoopkraam
ëmbëlsirat

de Huushooltssaken
prodhime shtëpie

de Reinmaaktüüch
produkte pastrimi

de Verköpersche
shitëse

de Kass
kasë fiskale

de Kasserer
arkëtar

de Inkoopslist
listë blerjeje

de Opsparrtieden
oraret e punës

de Breeftasch
portofol

de Kreditkoort
kartë krediti

de Tasch
çantë

de Plastiktüüt
qese plastike

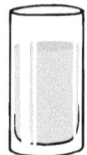

dat Water

ujë

de Saft

lëng frutash

de Melk

qumësht

de Cola

koka-kola

de Wien

verë

dat Beer

birrë

de Spriet

alkool

de Kakao

kakao

de Tee

çaj

de Koffie

kafe

de Espresso

kafe ekspres

de Cappucino

kapuçino

de Banaan

banane

de Appel

mollë

de Appelsien

portokalle

de Meloon

pjepër

de Zitroon

limon

de Wöttel

karrotë

de Knuuvlook

hudhër

de Bambus

bambu

de Zibbel

qepë

de Poggenstohl

kërpudha

de Nööt

arra

de Nudeln

makarona

de Spaghetti

spageti

de Ries

oriz

de Salat

sallatë

de Pommes frites

patate të skuqura

de Braadkantüffeln

patate të skuqura

de Pizza

pica

de Hamborger

hamburger

dat Sandwich

sanduiç

dat Snitzel

shnicel

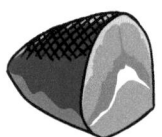

de Schinken

proshutë

de Salami

sallam

de Wust

salçiçe

dat Hohn

pulë

de Braden

skuq

de Fisch

peshk

de Haverflocken

tërshërë

dat Müsli

drithëra

de Cornflakes

kornfleiks

dat Mehl

miell

de Croissant

kruasant

dat Rundstück

panine

dat Broot

bukë

dat Toast

tost

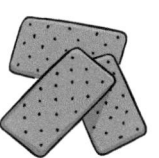

de Keksen

biskotë

de Botter

gjalp

de Quark

gjizë

de Koken

tortë

dat Ei

vezë

dat Spegelei

vezë sy

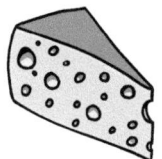

de Kees

djathë

de Ies

akullore

de Zucker

sheqer

de Honnig

mjaltë

de Marmelaad

marmaladë

de Nougat-Creme

çokokrem

dat Curry

këri

de Buernhoff
fermë

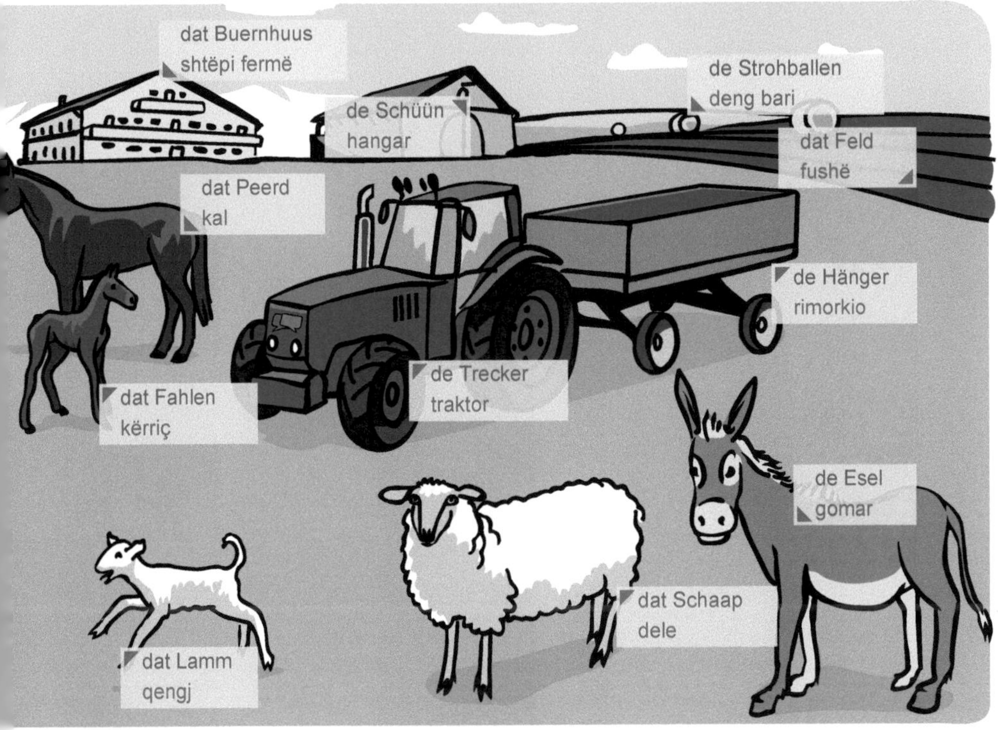

dat Buernhuus
shtëpi fermë
de Schüün
hangar
de Strohballen
deng bari
dat Feld
fushë
dat Peerd
kal
de Hänger
rimorkio
de Trecker
traktor
dat Fahlen
kërriç
de Esel
gomar
dat Schaap
dele
dat Lamm
qengj

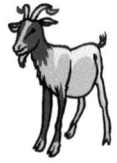

de Zeeg
dhi

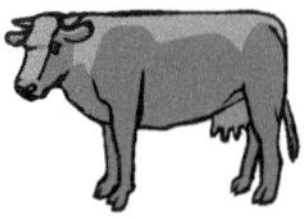

de Koh
lopë

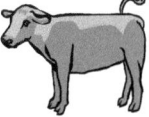

dat Kalf
viç

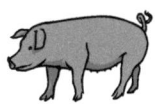

dat Swien
derr

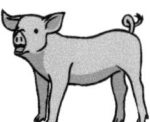

dat Farken
derrkuc

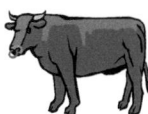

de Bull
dem

de Goos

patë

de Aant

rosë

dat Küken

zog pule

dat Hohn

pulë

de Hahn

gjel

de Rott

mi

de Katt

mace

de Muus

mi

de Oss

buall

de Hund

qen

de Hunnenhütt

kolibe qeni

de Goornslauch

zorrë vaditëse

de Geetkann

vaditëse

de Lee

kosë

de Ploog

plug

de Sich
drapër

de Hack
shat

de Mestfork
kosa

de Ext
sëpatë

de Schuufkoor
karrocë

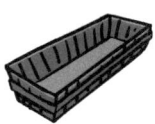

de Trog
govatë

de Melkkann
bidon qumështi

de Sack
thes

de Tuun
gardh

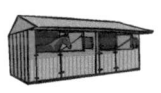

de Stall
ahur

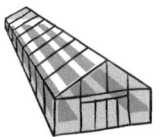

dat Drievhuus
serë

de Bodden
dhe

de Saat
farë

de Dünger
pleh

de Meihdöscher
autokombanjë

oornen
korr

de Oorn
te korrat

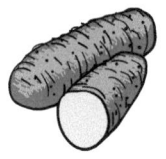

de Yamswöttel
patate e ëmbël "Yam"

de Weten
grurë

dat Soja
soja

de Kantüffel
patate

de Törksche Weten
misër

de Rapp
raps

de Aaftboom
pemë frutore

de Troopsch Kantüffel
zhardhok manioku

dat Koorn
drithëra

dat Huus
shtëpi

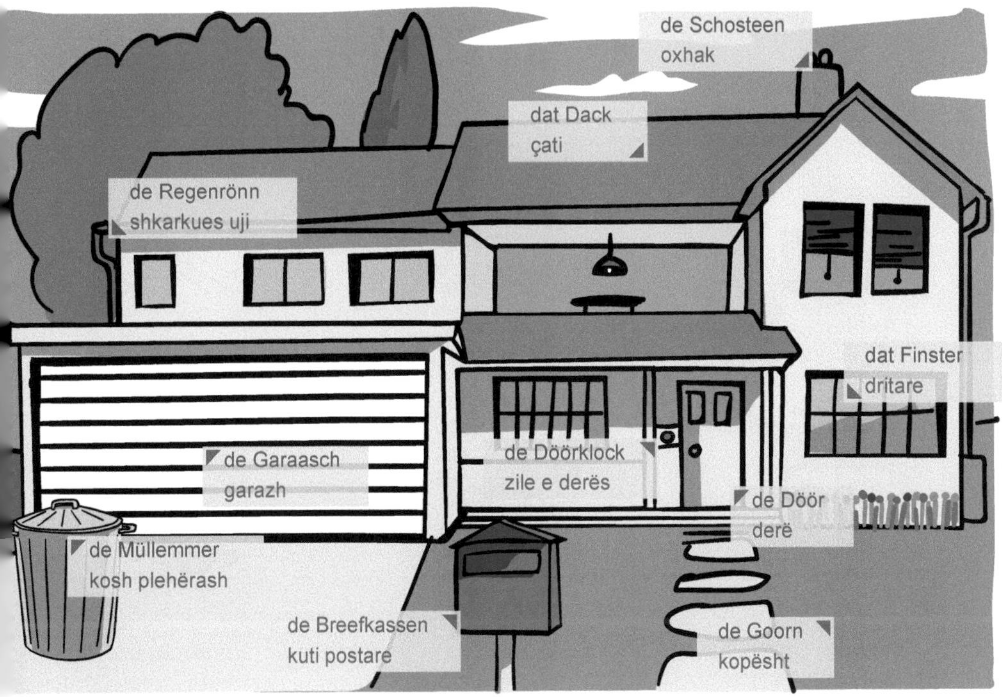
de Schosteen
oxhak
dat Dack
çati
de Regenrönn
shkarkues uji
dat Finster
dritare
de Garaasch
garazh
de Döörklock
zile e derës
de Döör
derë
de Müllemmer
kosh plehërash
de Breefkassen
kuti postare
de Goorn
kopësht

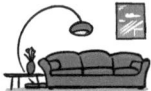

de Wahnstuuv

dhomë ndenjeje

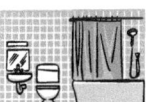

de Baadstuuv

tualet

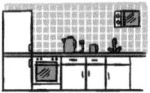

de Köök

kuzhinë

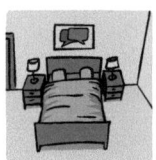

de Slaapstuuv

dhomë gjumi

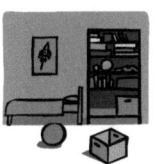

de Kinnerstuuv

dhomë fëmijësh

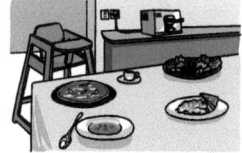

de Eetstuuv

dhomë ngrënieje

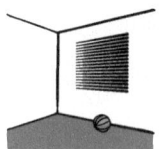

de Footbodden

dysheme

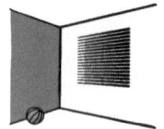

de Wand

mur

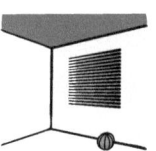

de Deek

tavan

de Keller

bodrum

dat Hittluftbad

sauna

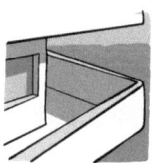

de Balkon

ballkon

de Terrass

tarracë

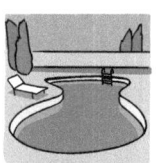

dat Swümmbad

pishinë

de Rasenmeiher

kositëse bari

de Bettbetog

çarçaf

de Bettdeek

kuvertë

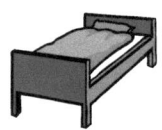

de Puuch

krevat

de Bessen

fshesë dore

de Emmer

kovë

de Schalter

çelës

de Wahnstuuv
dhomë ndenjeje

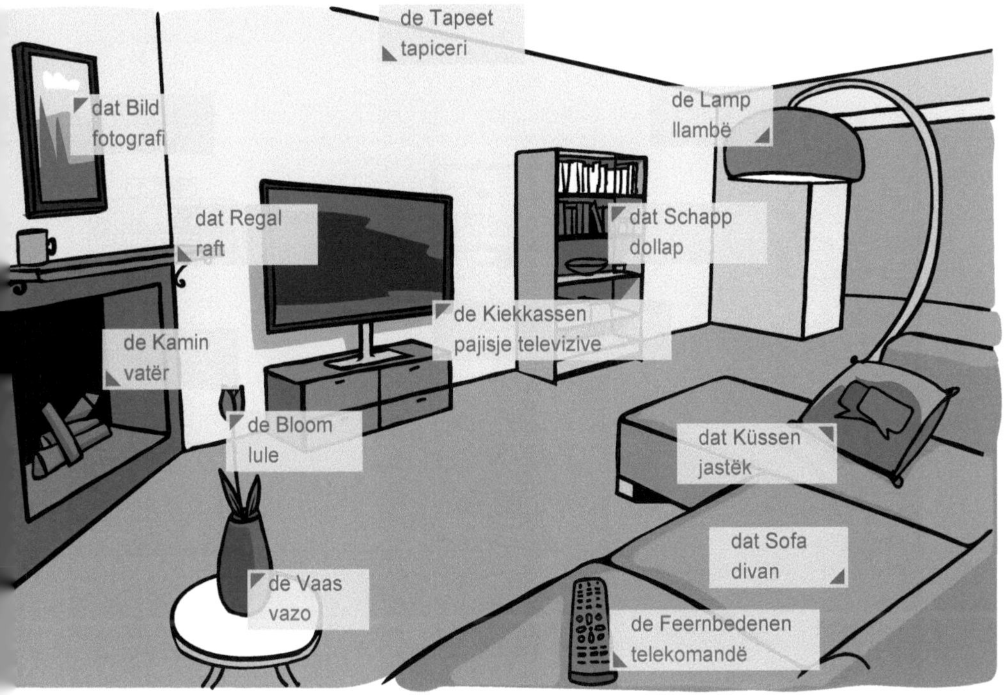
de Tapeet
tapiceri
dat Bild
fotografi
de Lamp
llambë
dat Regal
raft
dat Schapp
dollap
de Kiekkassen
pajisje televizive
de Kamin
vatër
de Bloom
lule
dat Küssen
jastëk
dat Sofa
divan
de Vaas
vazo
de Feernbedenen
telekomandë

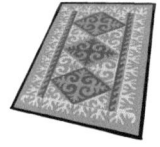

de Teppich

qilim

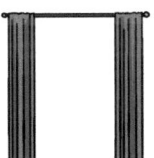

de Vörhang

perde

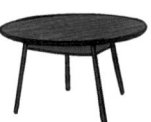

de Disch

tavolinë

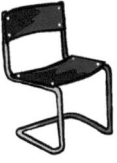

de Stohl

karrige

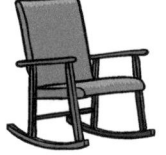

de Schuckelstohl

karrige lëkundëse

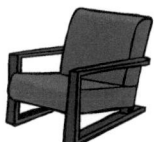

de Sessel

kolltuk

dat Book

libri

de Deek

batanije

de Dekoratschoon

zbukurime

dat Füerholt

dru zjarri

de Film

film

de Stereoanlaag

stereo

de Slötel

çelës

dat Narichtenblatt

gazetë

dat Gemälde

pikturë

dat Poster

afishe

dat Radio

radio

de Opschrievblock

bllok shënimesh

de Huulbessen

fshesë me korent

de Kaktus

kaktus

de Kars

qiri

de Köök
kuzhinë

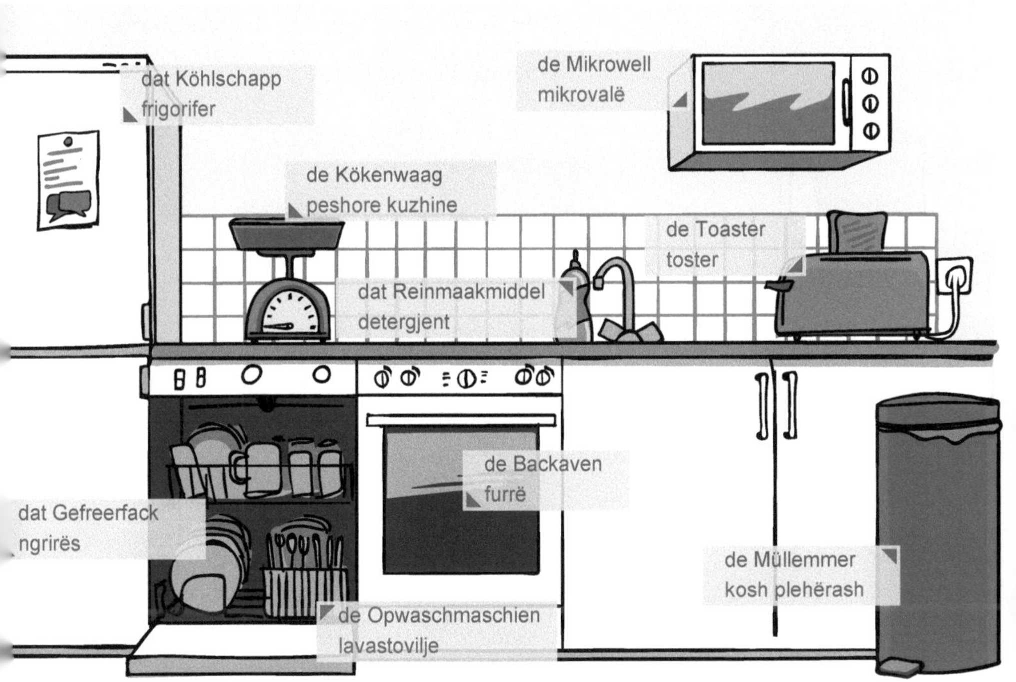
dat Köhlschapp
frigorifer
de Mikrowell
mikrovalë
de Kökenwaag
peshore kuzhine
de Toaster
toster
dat Reinmaakmiddel
detergjent
de Backaven
furrë
dat Gefreerfack
ngrirës
de Müllemmer
kosh plehërash
de Opwaschmaschien
lavastovilje

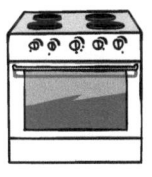

de Heerd

sobë

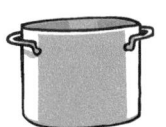

de Pott

tenxhere

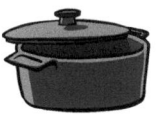

de Gussiesern Putt

tenxhere me kapak

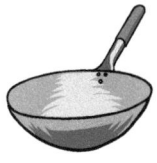

de Wok / Kadai

tigan special (Wok)

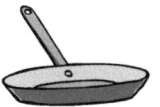

de Pann

tigan

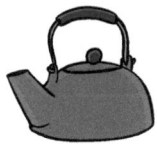

de Waterkaker

çajnik

de Dampkaakputt

tenxhere me avull

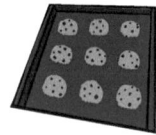

dat Backblick

tavë pjekjeje

dat Geschirr

enë

de Beker

filxhan

de Schaal

tas

de Eetsticken

shkopinj

de Suppenkell

garuzhde

de Pannenwenner

spatul

de Sneebessen

tel kuzhine

dat Kaakseef

kulluese

dat Seef

sitë

de Riev

rende

de Mörser

havan

de Grill

skarë

de Füerstell

zjarr

dat Sniedbrett

dërrasë për prerje

dat Nudelholt

okllai

de Proppentrecker

heqëse tapash

de Doos

kanaçe

de Dosenaapner

hapëse kanaçeje

de Pottlappen

rrobë për të kapur
tenxheren

dat Waschbecken

lavaman

de Böst

furçë

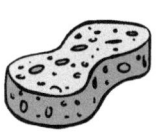

de Swamm

sfungjer

de Mixer

përzjerës

dat Iesschapp

ngrirës

de Nuckelbuddel

biberon për lëngje

de Waterhahn

rubinet

de Baadstuuv

tualet

de Heizung
ngrohje
de Bruus
dush
dat Handdook
peshqirë
de Bruusvörhang
perde dushi
dat Schuumbad
vaskë me shkumë
de Baadwann
vaskë
dat Glas
gotë
de Waschmaschien
lavatriçe
de Waterhahn
rubinet
de Fliesen
pllaka
de lütte Putt
oturak
dat Waschbecken
lavaman

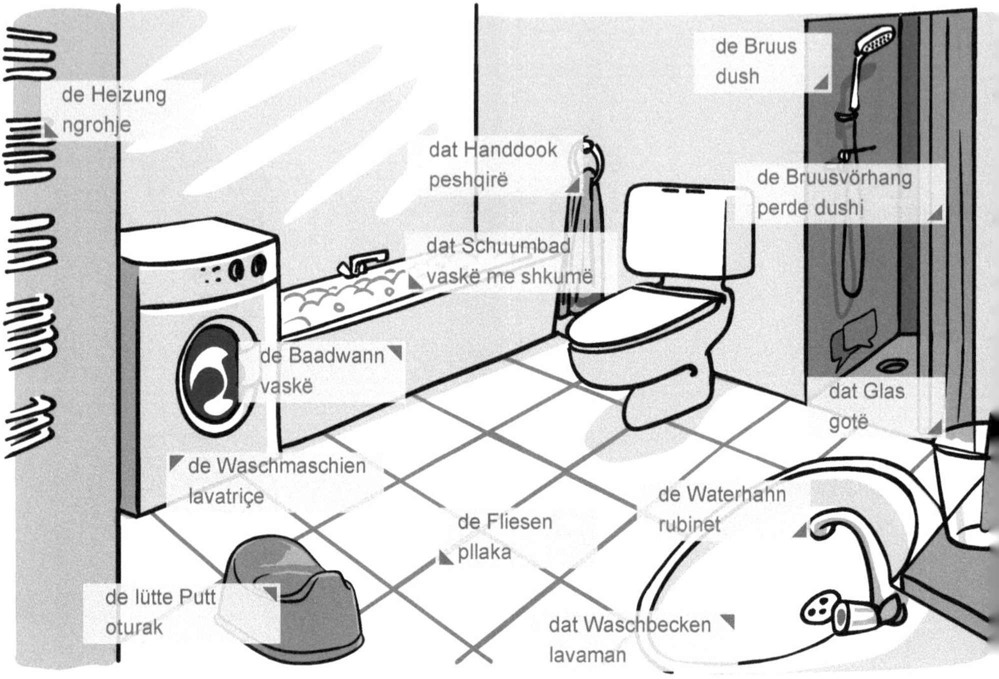

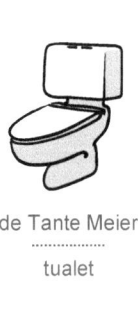

de Tante Meier

tualet

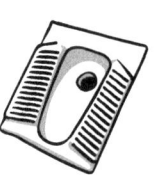

de Hockklo

WC e sheshtë

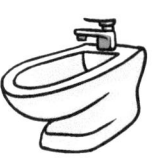

dat Bidet

bide

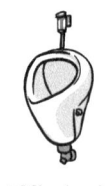

dat Miegbecken

tualet publik

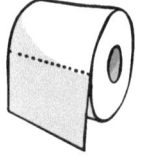

dat Klopapeer

letër higjienike

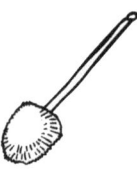

de Kloböst

furçe për WC

de Tähnböst

furçë dhëmbësh

de Tähnpast

pastë dhëmbësh

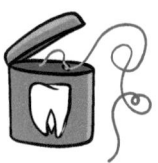

de Tähnsied

fije dentare

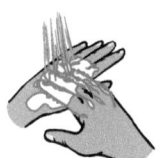

waschen

laj

de Handbruus

dorezë dushi

de Intimbruus

larës për zonën intime

de Waschschöttel

legen

de Rüchböst

furçë për masazh shpine

de Seep

sapun

dat Bruusgeel

shampo trupi

dat Hoorwaschmiddel

shampo

de Waschlappen

leckë pastruese

de Afloop

kullues

de Creme

krem

dat Deodorant

antidjersë

de Spegel

pasqyrë

de Kosmetikspegel

pasqyrë dore

de Raserer

brisk rroje

de Raseerschuum

shkumë rroje

dat Raseerwater

locion pas rrojes

de Kamm

krehër

de Böst

furçë

de Hoordröger

tharëse flokësh

dat Hoorspray

llak për flokët

de Smink

grim

de Lippensticken

buzëkuq

de Nagellack

manikyr

de Watt

mbushje pambuku

de Nagelscheer

gërshërë për thonj

dat Rüükwater

parfum

de Kulturbüdel
....
ntë për sendet personale

de Schemel
....
Stol

de Waag
....
peshore

de Baadmantel
....
robëdëshambër

de Gummihanschen
....
dorashka gome

de Tampon
....
tampon

de Damenbinn
....
peceta higjienike

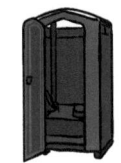

dat Chemieklo
....
tualet I lëvizshëm

de Kinnerstuuv
dhomë fëmijësh

de Wecker
orë me zile
dat Knudeldeert
lodra me pellushë
dat Speeltüüchauto
makinë lodër
de Klöter
rraketake
dat Poppenhuus
shtëpi kukullash
dat Geschenk
dhuratë

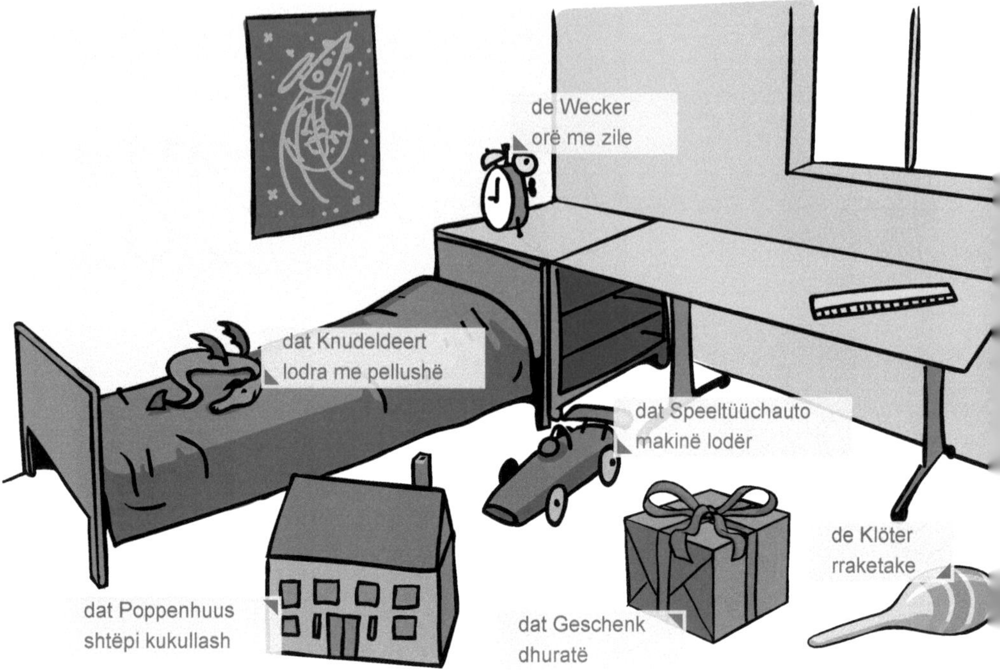

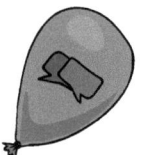

de Luftballon

tollumbace

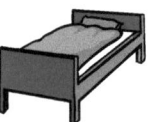

de Puuch

krevat

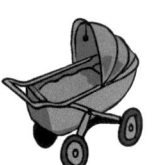

de Kinnerwagen

karrocë fëmijësh

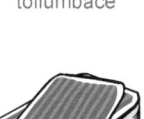

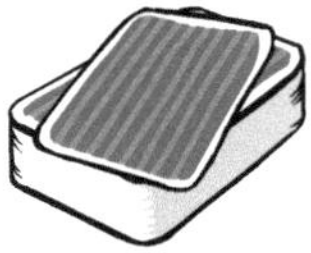

dat Koortenspeel

lojë me letra

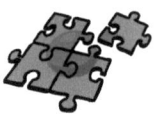

dat Puzzle

bashkim pjesësh me figura

SUPER MEGA

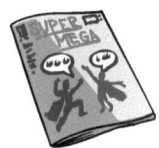

de Billergeschicht

komik

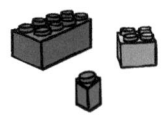

de Legostenen

formuese lodër

de Bustenen

kuba plastikë

de Action-Figur

lodra

de Strampelantog

badi

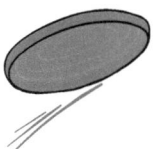

de Frisbeeschiev

frizbi

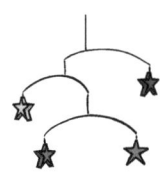

dat Mobile

lodra të varura tek krevati i fëmijëve

dat Brettspeel

tavolinë lojërash

de Wörpel

zare

de Modelliesenbahn

model treni

de Snuller

biberon

de Party

festë

dat Billerbook

libër me ilustrime

de Ball

top

de Popp

kukull

spelen

luaj

de Sandkassen
grumbull rëre

de Schuckel
kolovarëse

dat Speeltüüch
lodra

de Speelkonsool
leva për lojra video

dat Dreerad
triçikël

de Teddyboor
arush prej pellushi

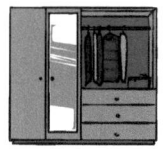

dat Klederschapp
garderobë

dat Tüüch
veshje

de Socken
çorape

de Strümp
çorape të gjata

de Strumpbüx
geta

dat Halsdook
shall

de Paraplü
çadër

dat T-Shirt
bluzë pa jakë

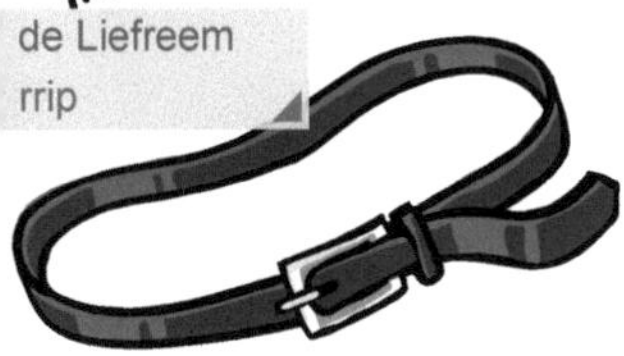

de Liefreem
rrip

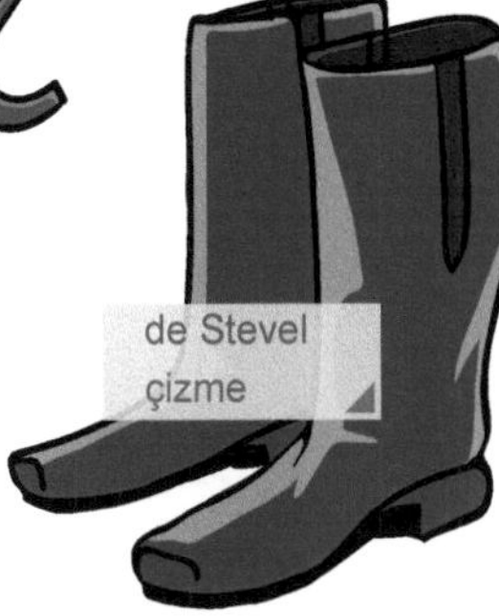

de Stevel
çizme

de Puuschen
pantofla

de Turnschoh
atlete

de Sandalen
sandale

de Schoh
këpucë

de Gummistevel
çizme llastiku

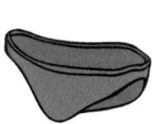

de Ünnerbüx
të mbathura

de Bostholler
reçipeta

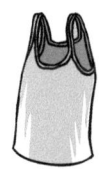

dat Ünnerhemd
kanotierë

de Lief

trup

de Büx

pantallona

de Jeansnüx

xhinse

de Rock

fund

de Bluus

bluzë

dat Hemd

këmishë

de Pullover

pulovër

de Kapuzenpullover

triko

de Blazer

xhaketë

de Jack

xhaketë

de Mantel

pallto

de Övertrecker

mushama shiu

dat Kostüm

kostum

dat Kleed

fustan

dat Hochtietskleed

fustan nusërie

de Antog

kostum

dat Nachtkleed

këmishë nate

de Slaapantog

pizhama

de Sari

sari (veshje tradicionale indiane)

dat Koppdook

shami koke

de Turban

çallmë

de Burka

shje për femrat e besimit musliman

de Kaftan

kaftan (lloj veshjeje tradicionale)

de Abaya

ferexhe

de Baadantog

kostum banje

de Baadbüx

rroba banje

de Korte Büx

pantallona të shkurtra

de Antog to'n Öven

tuta sporti

de Schört

përparëse

de Handschoh

dorashka

de Knopp

kopsë

de Brill

syze

dat Armband

byzylyk

de Halskeed

gjerdan

de Ring

unazë

de Ohrbummel

vath

de Mütz

kapuç

de Klederbögel

varëse për pallto

de Hoot

kapele

de Binner

kravatë

de Rietslüter

zinxhir

de Helm

helmetë

dat Drachtband

tiranda

de Schooluniform

uniformë shkolle

de Uniform

uniformë

de Severböten

gushore

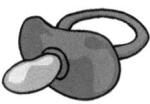

de Snuller

biberon

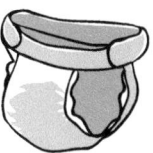

de Winnel

pelenë

dat Büro
zyrë

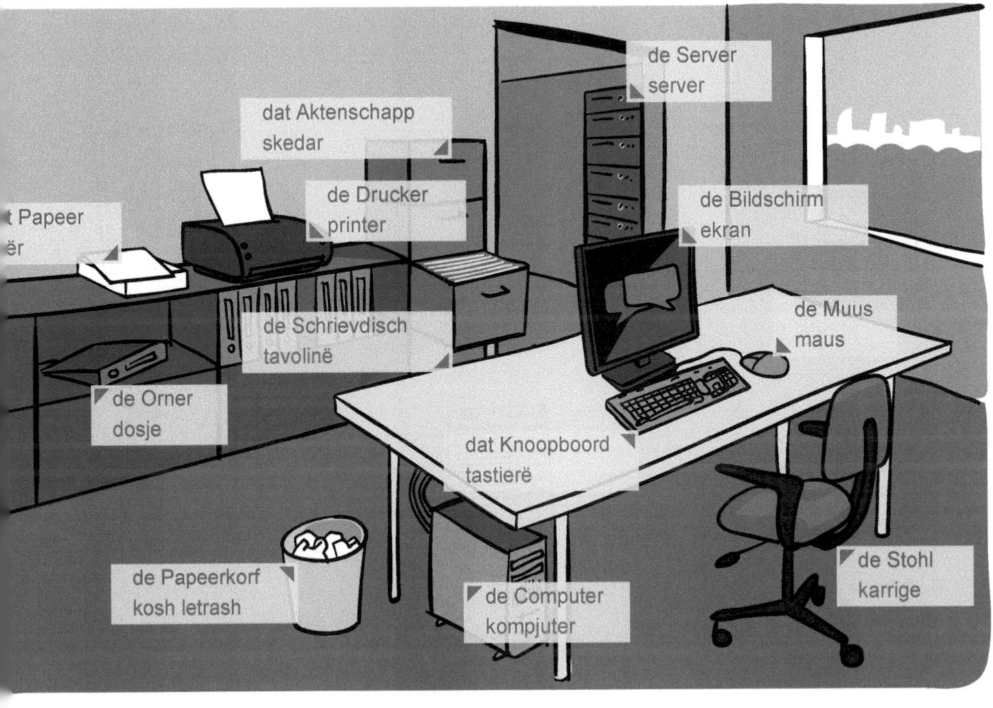

de Server
server

dat Aktenschapp
skedar

de Drucker
printer

t Papeer
ër

de Bildschirm
ekran

de Schrievdisch
tavolinë

de Muus
maus

de Orner
dosje

dat Knoopboord
tastierë

de Papeerkorf
kosh letrash

de Computer
kompjuter

de Stohl
karrige

de Koffiebeker

filxhan kafeje

de Taschenreekner

makinë llogaritëse

dat Internet

internet

de Klappreekner

kompjuter portativ

de Breef

letër

de Naricht

mesazh

de Ackersnacker

telefon

dat Nettwark

rrjet

de Kopeerapparat

fotokopje

de Software

program

de Klöönkassen

telefon

de Steekdoos

prizë

de Faxapparat

pajisje faksi

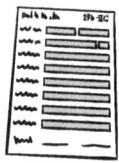

dat Formulor

formular

dat Dokument

dokument

köpen

blej

betahlen

paguaj

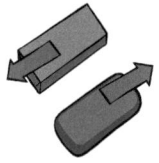

hanneln

tregtoj

dat Geld

para

de Dollar

dollar

de Euro

euro

de Yen

jen

de Ruvel

rubla

de Swiezer Franken

franga zvicerane

de Renminbi Yuan

juani kinez

de Rupie

rupje

de Geldautomat

bankomat

de Wesselstuuv

pikë këmbimi valutor

dat Gold

ar

dat Sülver

argjend

dat Ööl

nafta

de Energie

energji

de Pries

çmim

de Verdrag

kontratë

de Stüer

taksë

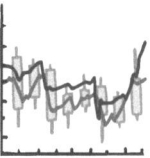

de Andeelschien

aksione

arbeiden

punoj

de Anstellte

punonjës

de Arbeitgever

punëdhënës

de Fabrik

fabrikë

de Hökerie

dyqan

de Füerwehrmann
zjarrfikës

de Wachtmeester
oficer policie

de Kock
kuzhinier

de Dokter
mjek

de Fleger
pilot

de Goorner

kopshtar

de Discher

marangoz

de Neihersche

rrobaqepëse

de Richter

gjykatës

de Chemiker

kimist

de Schauspeler

aktor

de Busfohrer

shofer autobuzi

de Taxifohrer

taksist

de Fischer

peshkatar

de Reinmaakfru

pastruese

de Dackdecker

riparues çatish

de Kellner

kamarier

de Jäger

gjuetar

de Maler

piktor

de Bäcker

furrxhi

de Elektriker

elektriçist

de Buarbeider

ndërtues

de Ingenieur

inxhinier

de Slachter

kasap

de Klempner

hidraulik

de Postbüdel

postieri

de Suldat

ushtar

de Architekt

arkitekt

de Kasserer

arkëtar

de Florist

luleshitës

de Putzbüdel

berber

de Schaffner

kontrollor

de Mechaniker

mekanik

de Kaptein

kapiten

de Tähndokter

dentist

de Wetenschopler

shkencëtar

de Rabbi

rabin

de Imam

imam

de Mönk

murg

de Paap

klerik

dat Warktüüch
mjete

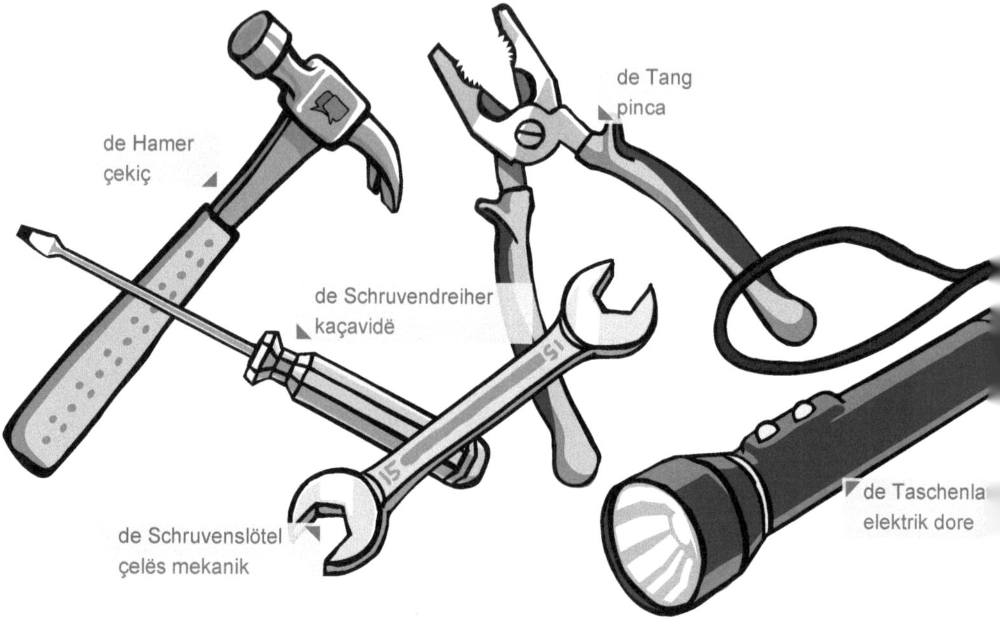
de Tang
pinca
de Hamer
çekiç
de Schruvendreiher
kaçavidë
de Taschenla
elektrik dore
de Schruvenslötel
çelës mekanik

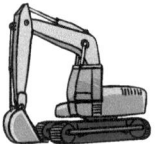

de Grieper

ekskavator

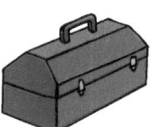

de Warktüüchkassen

kuti veglash

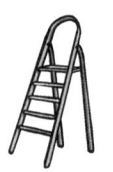

de Ledder

shkallë

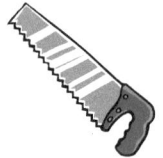

de Saag

sharrë

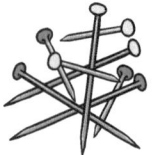

de Nagels

gozhdë

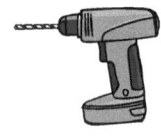

de Bohrer

trapan

heelmaken
....
riparoj

de Schüffel
....
lopatë

Schiet!
....
Dreq!

dat Kehrblick
....
kaci

de Farvpott
....
kuti boje

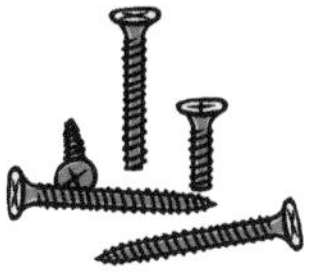

de Schruven
....
vidhë

de Musikinstrumenten
instrumenta muzikorë

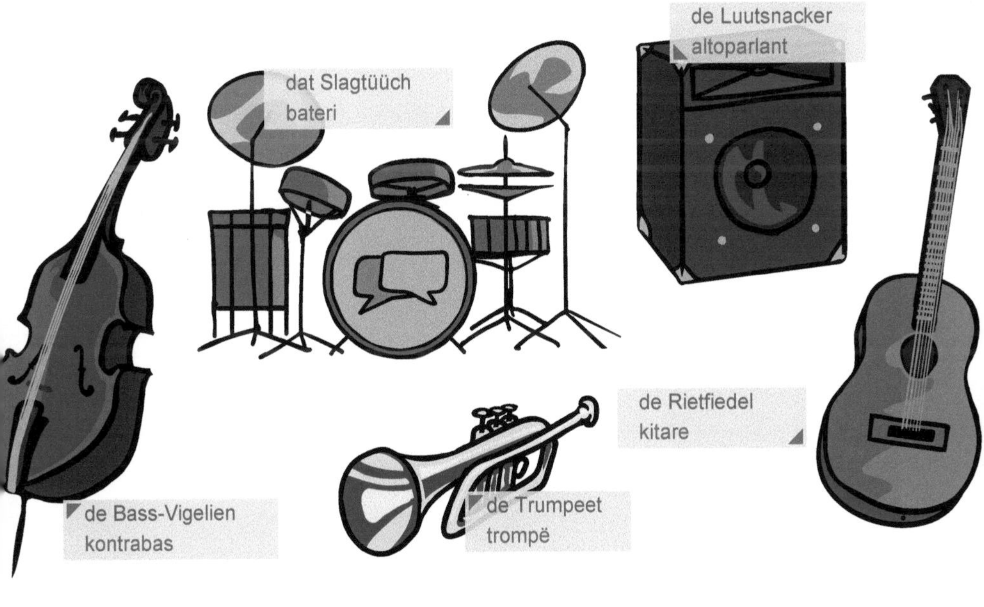

dat Slagtüüch
bateri

de Luutsnacker
altoparlant

de Bass-Vigelien
kontrabas

de Trumpeet
trompë

de Rietfiedel
kitare

dat Klaveer

piano

de Vigelien

violinë

de Bass

bas

de Pauk

tamburë

de Trummeln

daulle

dat Keyboard

tastierë pianoje

dat Saxophon

saksofon

de Fleut

flaut

dat Mikrofoon

mikrofon

de Musikinstrumenten - instrumenta muzikorë

de Deertenpark
kopsht zoologjik

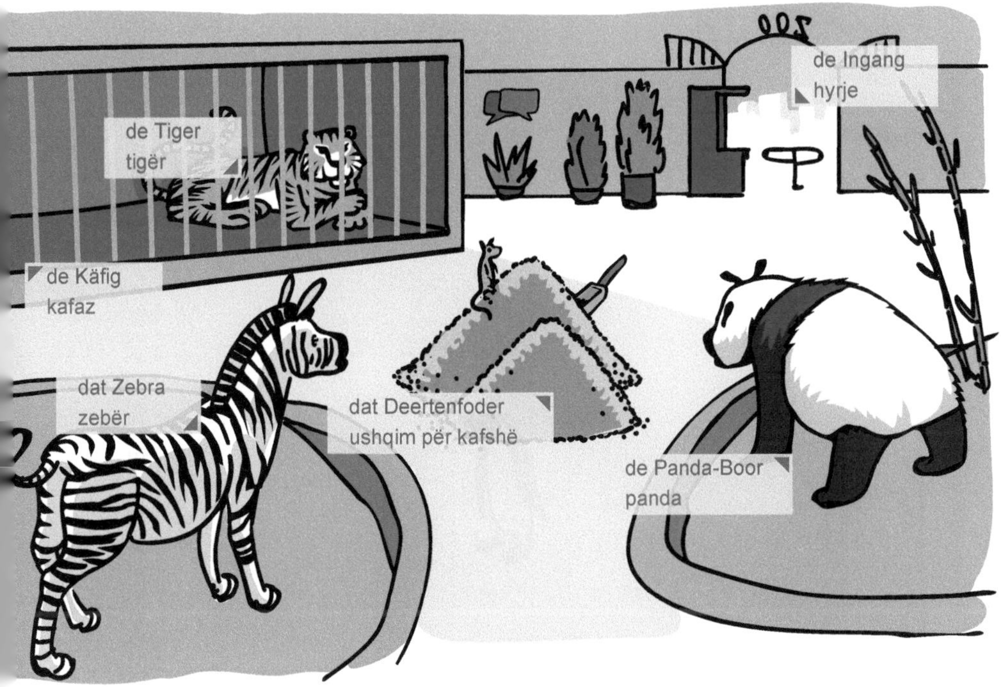

de Ingang
hyrje
de Tiger
tigër
de Käfig
kafaz
dat Zebra
zebër
dat Deertenfoder
ushqim për kafshë
de Panda-Boor
panda

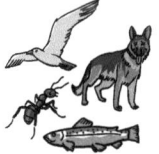

de Deerten

kafshë

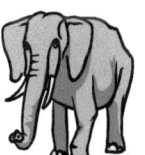

de Elefant

elefant

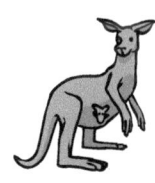

dat Känguru

kangur

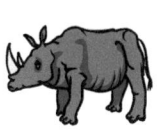

dat Neeshoorn

rinoceront

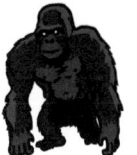

de Gorilla

gorillë

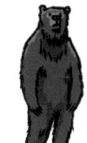

de Boor

ari

dat Kameel

deve

de Struuß

struc

de Lööv

luan

de Aap

majmun

de Flamingo

flamingo

de Papagoi

papagall

de Iesboor

ari polar

de Pinguin

pinguin

de Haifisch

peshkaqen

de Pageluun

pallua

de Slang

gjarpër

dat Krokodil

krokodil

de Oppasser in'n
Deertenpark
punonjës i kopshtit zoologjik

de Saalhund

fokë

de Jaguor

xhaguar

dat Pony
poni

de Leopard
leopard

dat Nilpeerd
hipopotam

de Giraff
gjirafë

de Aadler
shqiponjë

dat Wildswien
derr i egër

de Fisch
peshk

de Schildkrööt
breshkë

dat Walross
lopë deti

de Voss
dhelpër

de Gazell
gazelë

de Amerikaansch Football
futboll amerikan

dat Radfohren
çiklizëm

dat Tennis
tenis

de Korfball
basketboll

dat Swümmen
not

dat Boxen
boks

dat Ieshockey
hokej mbi akull

de Football
futboll

dat Fedderball
badminton

de Leichtathletik
atletikë

de Handball
hendboll

dat Skilopen
ski

dat Polo
polo

de Aktivitäten
aktivitet

springen
hidhem
ümarmen
përqafoj
lachen
qesh
gahn
eci
singen
këndoj
drömen
ëndërroj
beden
lutem
snuteln
puth

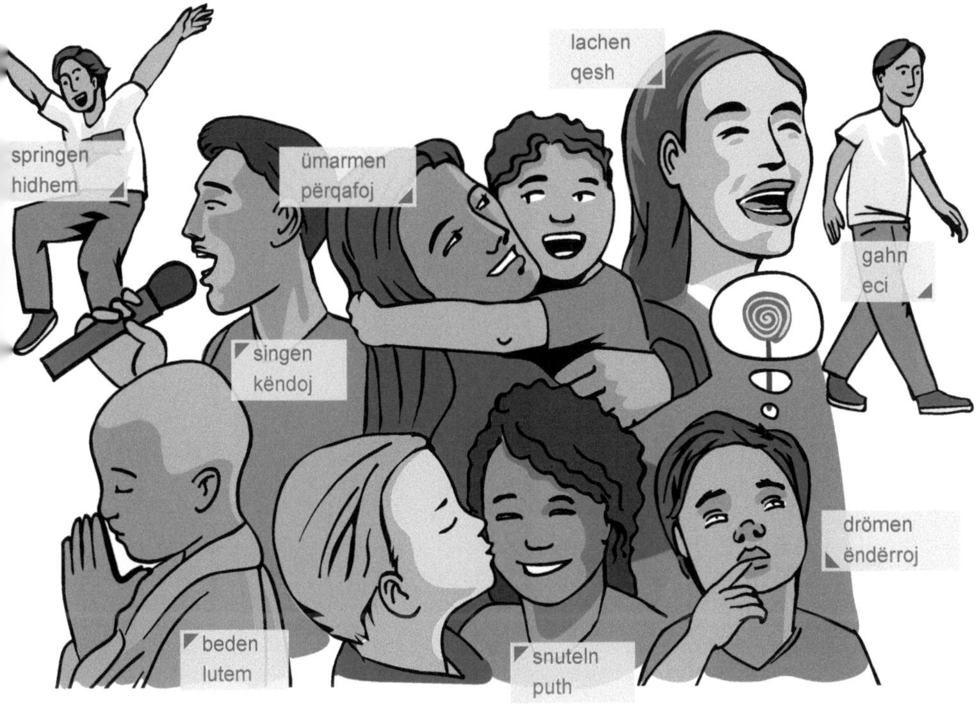

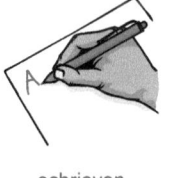

schrieven
shkruaj

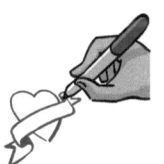

teken
vizatoj

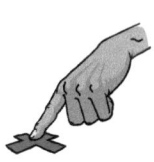

wiesen
tregoj

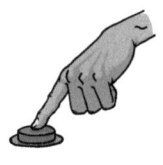

drücken
shtyj

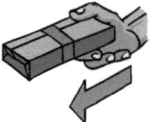

geven
jap

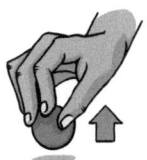

nehmen
marr

hebben
kam

doon
bëj

sien
jam

stahn
qëndroj

lopen
vrapoj

trecken
tërheq

smieten
hedh

fallen
bie

liggen
shtrihem

töven
pres

dregen
mbaj

sitten
ulem

antrecken
vishem

slapen
fle

opwaken
zgjohem

de Aktivitäten - aktivitet

ankieken

shikoj

wenen

qaj

eien

përkëdhel

kämmen

kreh

snacken

bisedoj

verstahn

kuptoj

fragen

kërkoj

hören

dëgjoj

drinken

pi

eten

ha

oprümen

sistemoj

leefhebben

dashuroj

kaken

gatuaj

fohren

drejtoj makinën

flegen

fluturoj

segeln

lundroj

reken

llogaris

lesen

lexoj

lehren

mësoj

arbeiden

punoj

de Plünnen tohoopsmieten

martohem

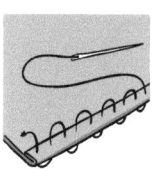

neihen

qep

Tähnen putzen

laj dhëmbët

dootmaken

vras

smöken

tymos

schicken

dërgoj

Grootmoder
she

de Grootvadder
gjysh

de Vadder
baba

de Moder
nënë

Winnelkind
e

de Dochter
vajzë

de Söhn
djalë

de Gast

mysafir

de Tant

teze, hallë

de Unkel

dajë, xhaxha

de Broder

vëlla

de Süster

motër

de Lief
trupi

de Vörkopp
balli
dat Oog
syri
de Schuller
shpatulla
de Finger
gishti
dat Gesicht
fytyra
dat Kinn
mjekra
de Hand
dora
dat Been
këmba
de Bost
krahërori
de Arm
krahu

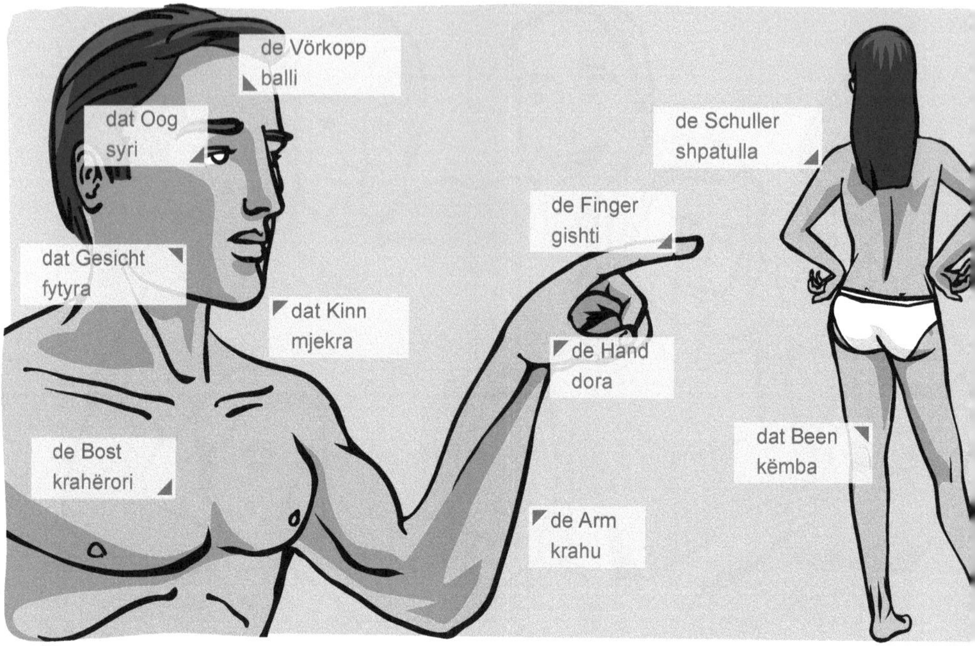

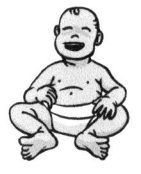

dat Winnelkind

bebe

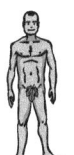

de Mann

burrë

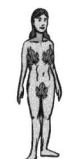

de Fro

grua

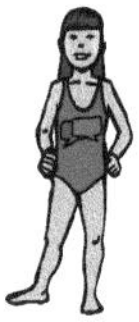

de Deern

vajzë

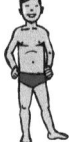

de Jung

djalë

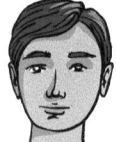

de Arm

koka

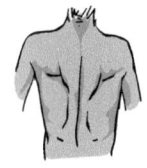

de Rüch

shpina

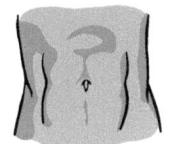

de Buuk

barku

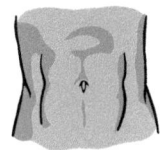

de Navel

kërthiza

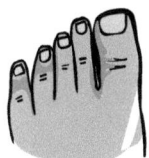

de Teh

gisht këmbe

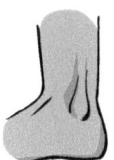

de Hack

Thembra

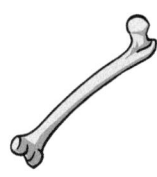

de Knaken

kockë

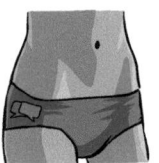

de Hüft

legeni

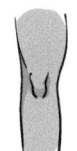

dat Knee

gjuri

de Ellbagen

bërryli

de Nees

hunda

de Achtersen

vithe

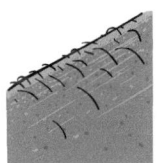

de Huut

lëkura

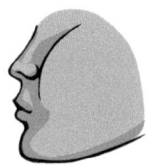

de Back

faqja

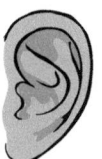

dat Ohr

veshi

de Lipp

buza

de Mund

goja

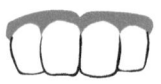

de Tähn

dhëmbët

de Tung

gjuha

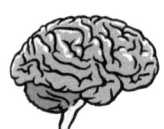

de Bregen

truri

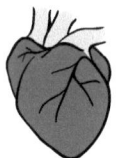

dat Hart

zemra

de Muskel

muskul

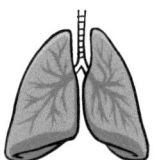

de Lung

mushkëria

de Lever

mëlçia

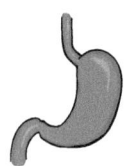

de Maag

stomaku

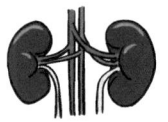

de Neren

veshka

de Bislaap

seks

dat Kondoom

prezervativ

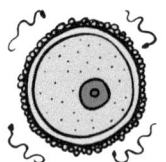

de Eizell

veza

dat Sperma

sperma

de Anner Ümstänn

shtatëzani

de Lief - trupi

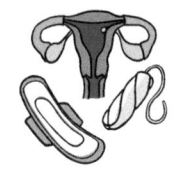

de Menstruatschoon

menstruacione

de Scheed

vagina

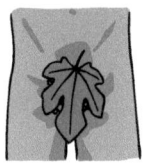

de Pint

penis

de Ogenbroe

vetulla

dat Hoor

flokët

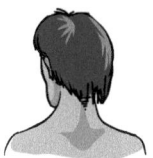

de Hals

qafa

dat Krankenhuus

spital

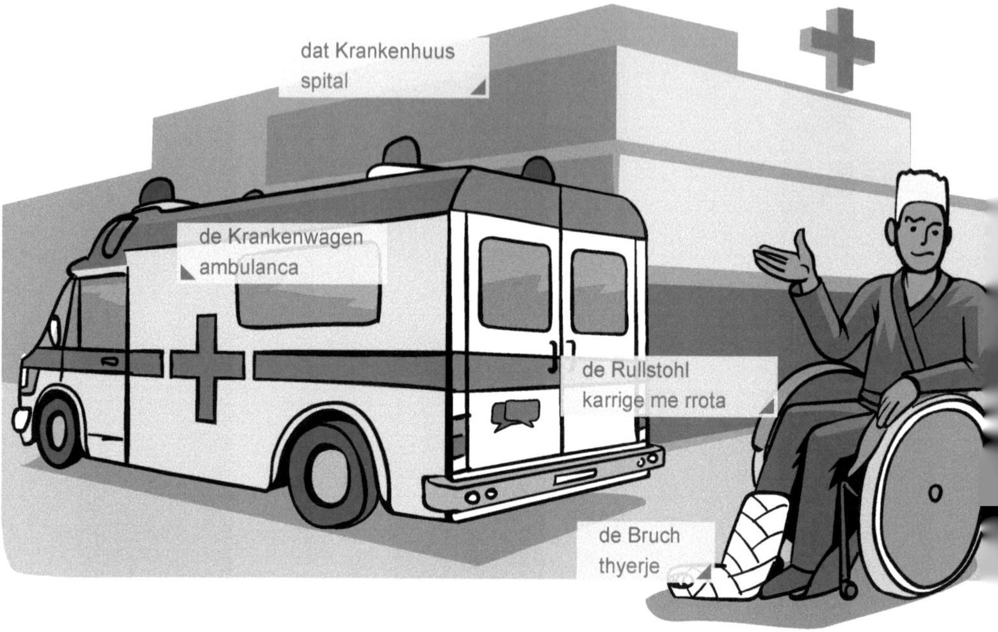

dat Krankenhuus
spital
de Krankenwagen
ambulanca
de Rullstohl
karrige me rrota
de Bruch
thyerje

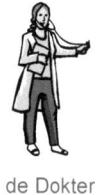

de Dokter

mjek

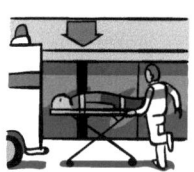

de Nootopnahm

sallë urgjencash

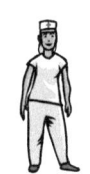

de Krankensüster

infermiere

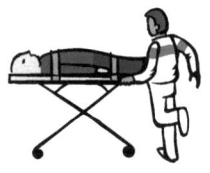

de Nootfall

emergjencë

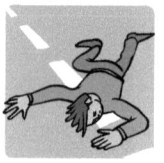

ahnmächtig

i pandërgjegjshëm

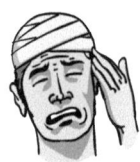

de Wehdaag

dhimbje

de Verwunnen

dëmtim

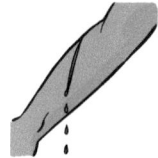

de Blöden

gjakosje

de Hartinfarkt

infarkt

de Slaganfall

goditje

de Allergie

alergji

de Hoosten

kolla

dat Fever

ethe

de Gripp

grip

de Dörchfall

diarre

de Koppwehdaag

dhimbje koke

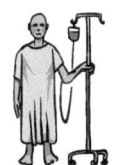

de Kreeft

kancer

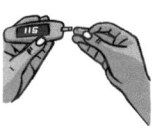

de Zuckersüük

diabet

de Chirurg

kirurg

dat Chirurgsch Mess

bisturi

de Operatschoon

operacion

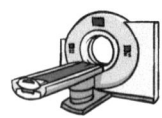

dat CT

CT (skaner)

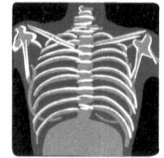

de Dörchlüchten

radiografi

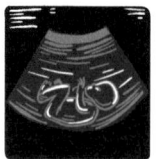

de Ultraschall

ultratingull

de Mask

maskë fytyre

de Krankheit

sëmundje

de Töövruum

dhomë pritjeje

de Krück

paterica

dat Plaaster

leukoplast

de Verband

fasho

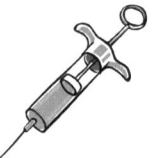

de Insprütten

injeksion

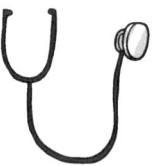

dat Stethoskop

stetoskop

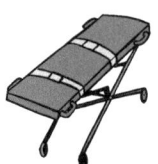

de Draag

barelë

dat Feverthermometer

termometër

de Geboort

lindje

dat Övergewicht

mbipeshë

de Höörapparat

aparat dëgjimi

dat Kiemfriemiddel

dezinfektant

de Ansteken

infeksion

de Virus

virus

dat HIV / AIDS

HIV / AIDS

dat Heelmiddel

mjekësi, mjekim

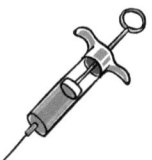

de Impen

vaksinim

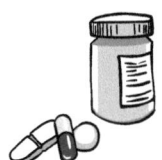

de Tabletten

tableta

de Pill

pilulë

de Nootroop

elefonatë emergjence

de Blootdruck-Meter

aparat tensioni

krank / gesund

i sëmurë / i shëndetshëm

Hölp!

Ndihmë!

de Alarm

alarm

de Överfall

sulm

de Angreep

atak

de Gefohr

rrezik

de Nootutgang

dalje emergjence

dat Füer!

Zjarr!

de Füerlöscher

fikëse zjarri

de Unfall

aksident

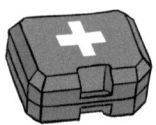

de Noothölpkoffer

kuti e ndimës së shpejtë

SOS

SOS

de Polizei

policia

Europa

Europa

Noordamerika

Amerika e Veriut

Süüdamerika

Amerika e Jugut

Afrika

Afrika

Asien

Azia

Australien

Australia

de Atlantik

Atlantiku

de Pazifik

Paqësori

dat Indisch Weltmeer

Oqeani Indian

Antarktisch Weltmeer

Oqeani Antarktik

dat Arktisch Weltmeer

Oqeani Arktik

de Noordpol

Poli i veriut

de Süüdpol

Poli i Jugut

de Antarktis

Antarktida

de Eerd

toka

dat Land

tokë

de See

det

dat Eiland

ishull

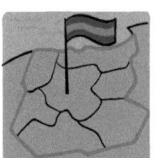

de Natschoon

komb

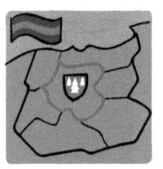

de Staat

shtet

dat Tallenblatt

fusha e orës

de Stunnenwieser

akrepi i orës

de Minutenwieser

akrepi i minutave

de Sekunnenwieser

akrepi i sekondave

Wo laat is dat?

Sa është ora?

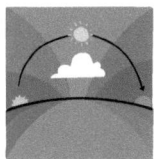

de Dag

ditë

de Tiet

kohë

nu

tani

de digetaalsch Klock

orë dixhitale

de Minuut

minutë

de Stunn

orë

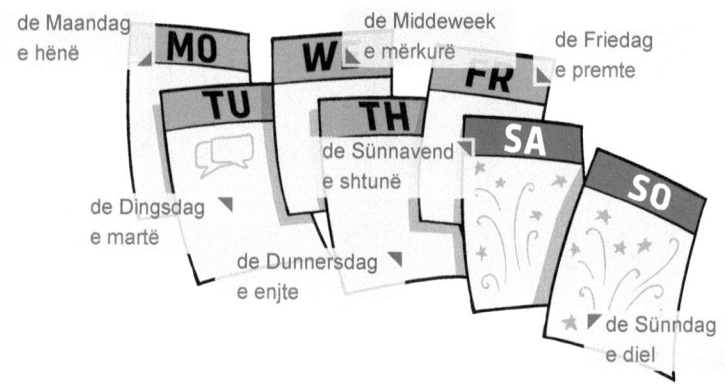

de Maandag
e hënë

de Middeweek
e mërkurë

de Friedag
e premte

de Dingsdag
e martë

de Sünnavend
e shtunë

de Dunnersdag
e enjte

de Sünndag
e diel

güstern

dje

hüüt

sot

morgen

nesër

de Morgen

mëngjes

de Meddag

mesditë

de Avend

mbrëmje

de Arbeitsdaag

ditë pune

dat Wekenenn

fundjavë

de Regen
shi

de Regenbagen
ylber

de Wind
erë

de Snee
borë

dat Fröhjohr
pranverë

de Harvst
vjeshtë

de Sommer
verë

de Winter
dimër

4.APRIL	11°	☀
5.APRIL	4°	☁
6.APRIL	13°	☂
7.APRIL	8°	❄
8.APRIL	10°	☀

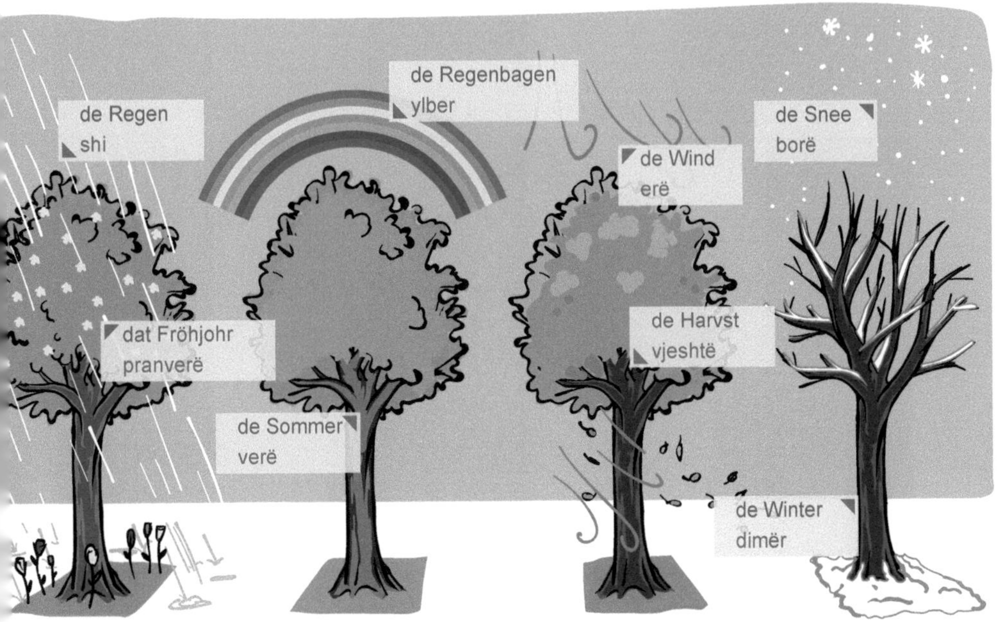

de Wedervörhersaag

parashikimi i motit

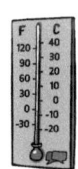

dat Thermometer

termometër

de Sünnenschien

ndriçim dielli

de Wulk

re

de Nevel

mjegull

de Luftfuchtigkeit

lagështi

de Blitz
vetëtima

de Dunner
gjëmim

de Storm
stuhi

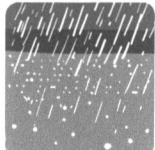

de Hagel
breshër

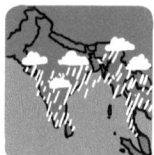

de Monsun
muson

de Floot
përmbytje

dat Ies
akull

de Januormaand
janar

de Februormaand
shkurt

de Martmaand
mars

de Aprilmaand
prill

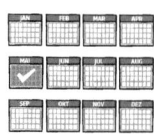

de Maimaand
maj

de Junimaand
qershor

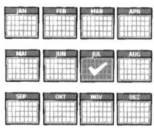

de Julimaand
korrik

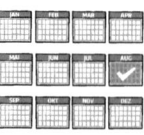

de Augustmaand
gusht

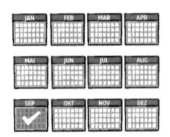

de Septembermaand

shtator

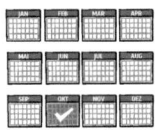

de Oktobermaand

tetor

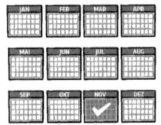

de Novembermaand

nëntor

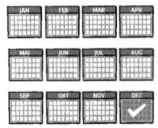

de Dezembermaand

dhjetor

de Formen
forma

de Krink

rreth

dat Quadrat

katror

dat Rechteck

drejtkëndësh

dat Dreeeck

trekëndësh

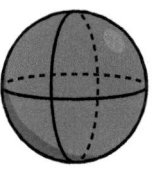

de Kugel

sferë

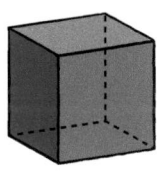

de Wörpel

kub

witt

e bardhë

geel

e verdhë

orangsch

portokalli

pink

rozë

root

e kuqe

lila

vjollcë

blau

blu

gröön

e gjelbër

bruun

kafe

gries

gri

swart

e zezë

veel / wenig
shumë / pak

böös / verdreeglich
i nevrikosur / i qetë

smuck / mies
i bukur / i shëmtuar

de Begünn / dat Enn
fillim / fund

groot / lütt
i madh / i vogël

hell / düüster
i ndritshëm / i errët

de Broder / de Süster
vëlla / motër

schier / schietig
e pastër / e pistë

kumpleet / nich kumpleet
e plotë / jo e plotë

de Dag / de Nacht
ditë / natë

doot / lebennig
gjallë / vdekur

breet / small
i gjerë / i ngushtë

geneetbor / nich geneetbor

i ngrënshëm / i pangrënshëm

böös / fründlich

i keq / i këndshëm

fickerig / langwielt

i lumtur / i mërzitur

dick / dünn

i shëndoshë / i dobët

toeerst / toletzt

e para / e fundit

de Fründ / de Fiend

mik / armik

vull / leddig

plot / bosh

hart / week

e fortë / e butë

swoor / licht

e rëndë / e lehtë

de Smacht / de Döst

uri / etje

krank / gesund

i sëmurë / i shëndetshëm

nich na't Recht / na't Recht

e paligjshme / e ligjshme

klook / dummerhaftig

i zgjuar / budalla

linkerhand / rechterhand

majtas / djathtas

neeg / feern

afër / larg

nieg / bruukt

e re / e përdorur

nix / wat

asgjë / diçka

oolt / jung

i moshuar / i ri

an / ut

ndezur / fikur

apen / slaten

hapur / mbyllur

lies / luut

i qetë / i zhurmshëm

riek / arm

i pasur / i varfër

richtig / verkehrt

e drejtë / e gabuar

ruug / glatt

i ashpër / i butë

trurig / glücklich

i mërzitur / i lumtur

kort / lang

i shkurtër / i gjatë

suutje / flink

ngadalë / shpejt

natt / dröög

i lagësht / i thatë

warm / köhl

ngrohtë / freskët

de Krieg / de Freden

luftë / paqe

0

null

zero

1

een

një

2

twee

dy

3

dree

tre

4

veer

katër

5

fief

pesë

6

söss

gjashtë

7

söven

shtatë

8

acht

tetë

9

negen

nentë

10

teihn

dhjetë

11

ölven

njëmbëdhjetë

12	**13**	**14**
twölf	dörteihn	veerteihn
dymbëdhjetë	trembëdhjetë	katërmbëdhjetë

15	**16**	**17**
föffteihn	sössteihn	söventeihn
pesëmbëdhjetë	gjashtëmbëdhjetë	shtatëmbëdhjetë

18	**19**	**20**
achtteihn	negenteihn	twintig
tetëmbëdhjetë	nentëmbëdhjetë	njëzetë

100	**1.000**	**1.000.000**
hunnert	dusend	million
qind	mijë	milion

dat Engelsch

anglisht

dat Amerikaansch Engelsch

anglishte amerikane

dat Chineesch Mandarin

kinezisht mandarin

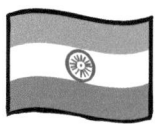

dat Hindi

hindi

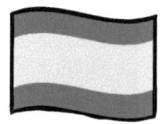

dat Spaansch

spanjisht

dat Franzöösch

frëngjisht

dat Araabsch

arabisht

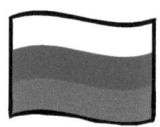

dat Rusch

rusisht

dat Portugiesch

portugalisht

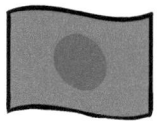

dat Bengaalsch

bengalisht

dat Düütsch

gjermanisht

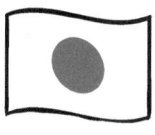

dat Japaansch

japonisht

ik
....
unë

du
....
ti

he / se / dat
....
ai / ajo

wi
....
ne

ji
....
ju

se
....
ata

keen?
....
kush?

wat?
....
çfarë?

woans?
....
si?

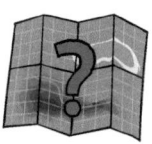

woneem?
....
ku?

wannehr?
....
kur?

de Naam
....
emër

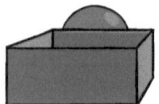

achter

pas

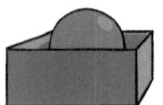

in

në

vör

përballë

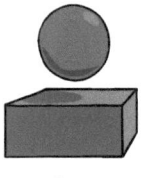

över

sipër

op

mbi

ünner

poshtë

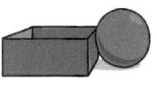

blangen

pranë

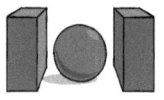

twüschen

midis

de Oort

vend